La perpetua amenaza de la lluvia

La perpetua amenaza de la lluvia

René Rodríguez Ramírez

Luscinia C.E.

© René Rodríguez Ramírez
Editorial Luscinia C.E.
San Juan, Puerto Rico
2016

@ lusciniace@gmail.com
https://www.facebook.com/luscinia.ce

Edición de texto: Lorna Polo Alvarado

Diseño de portada: José Orlando Sued

Arte de portada: óleo sobre papel del pintor **John Constable (1827)**

ISBN: 978-1-944352-09-7

Sí. Llueve…

"Agua de lumbre", Alejandra Pizarnik

Sur la mousse des nuages
Sur les sueurs de l'orage
Sur la pluie épaisse et fade
J'écris ton nom

"Liberté", Paul Éluard

ÍNDICE

La lluvia sonora

Las calles registran la lluvia sonora,
desgastando las historias matutinas,
las curiosas esperanzas
que se levantan en la mañana,
del día siguiente
y del otro día.
Las sencillas gotas
forman torrenciales chorros
de líquido frío,
acumulándose rápidamente en las esquinas
en las secas aceras,
antes caminadas por los que ahora
corren sin un rumbo fijo,
solamente por no ser palpados por la lluvia.
Lluvia liberadora,
lluvia jovial,
sombras andantes sin destino,
agrupadas ante su desgracia
en causa común,
en el abatimiento colectivo,
ahuyentados por el punzante sonido de la llovizna,
que atina a sus múltiples soledades en la ciudad,
refrescando la agonía cotidiana del vivir.

Te vi

Te vi,
orientándote hacia la orilla del mar,
alimentándote de la espuma suelta
fragmentada entre las rocas.

Te vi,
mirando hacia el horizonte quebrado de tu sueño,
debatiéndote con las horas múltiples de tu lejanía,
debatiéndote con las horas múltiples de tu cercanía.

Te vi,
caminando hacia las templadas nubes de un solo cielo.

Te vi,
navegando sigilosa en el maravilloso azul del día,
de aquella mañana compartida.

Fuego trágico

Fuego trágico
de dulzura inigualable.
Seductor,
magnífico seductor,
de las fortalezas del deseo
desechado en la voluptuosidad
de un papel fortuito
que espera tu imagen,
sobrecogedora.

El camino de nosotros se bifurca

Con mis desesperados pasos
adelanto hacia el horizonte de la niebla
que cubre parte de la oblicua ciudad,
nombrándonos en insólitos momentos
de una soledad cautiva y desenfrenada.
Siento tus piernas atraerme a un punto,
larga esquina ventosa,
que aniquila la brillante esperanza
de tantos que esperan y desean.
Miro y desafío
la feroz impotencia
de aquel que ve en la oscuridad.
Dos,
son dos las del frente,
las que se observan
las que se contemplan
las que se dibujan
las que se buscan con un tacto envilecido,
como ciegas ante el sol.
Desde el otro lado,
desde la otra calle,
cargo la culpa
del que mira y se desintegra
entre los ígneos cuerpos
de unas musas que se unen en la urgencia.
El semáforo las ilumina,
pero el camino se desintegra en la penumbra,
mientras los labios
se regalan
se necesitan

se encuentran,
al tiempo que los cuerpos se humedecen
disolviéndose en la ardorosa existencia.
La vereda frente a mí
se aferra a los paradójicos sueños,
el rojo sobre mi cabeza
y el camino de nosotros se bifurca.

Entrañas rumiantes

Obvias elegías a una amada
que se retira hacia el cálido desierto
de una memoria fragmentada
en agónicos recuerdos,
diluviando ante el cruel acoso
de las manos ansiosas
de sus entrañas rumiantes.

Procesión

Habito en un árbol,
alternativo,
de discontinuas raíces
y de ramas paralelas,
que se lanzan a un mortífero vitalismo.

Avanzo en el eterno círculo de la elipsis,
que complementa el espacio personal,
agitado por las carencias
y sus sinnúmeros vacíos.

Viajo dentro de la lluvia,
con sus gotas que se inscriben
en mi cuerpo de espectador,
sujeto a las húmedas representaciones
de un cielo que discurre en palabras.

Solo,
como el presente.

Asumo los miedos,
que regresan incesantes,
a los huecos creados por la tranquilidad
y el sosiego de escenas ancestrales,
que marcan mi proceder,
convirtiendo mis pasos
en aquellos otros pasos,
de un después desconocido,
aturdido ante la identidad de la aprensión,
esa inequívoca comitiva del ahora.

El principio de tu pecho

Admiro el inicio
y el final
de tu cuello,
y el principio de tu pecho,
que se juntan en una armonía física
en una comunicación instantánea de la carne,
que espera ansiosa mi tacto
y el desesperante recorrido de la mirada.

La oscilación de tu corazón

Corazón,
órgano fundamental de tu deseo,
desfallece ante la presente imposibilidad
concentrada en las profundas márgenes del espejo,
alimentado por los reflejos,
por las simulaciones de los constructos del amor,
para impartir donaciones al margen,
para dejar de esperar
por la oscilación de tu corazón.

Esperanza líquida

Un sorbo del licor
de una esperanza líquida,
servida en la dorada copa
destinada a tus labios,
secos y ansiosos.
En la espera,
moviéndome en curso del contacto delicioso,
hacia la textura,
terriblemente sutil,
de tu cuerpo cautivo.

… y mis ojos

… y mis ojos desaguan las caricias
deseadas por una piel,
en duda,
por los enlaces suspendidos de la existencia,
reinventados por una sincera expectativa.

… y mis ojos.

Efímeros instantes

En los efímeros instantes
en que el ánima florece,
la sangre fluye, dinámica,
a través del eremita corazón,
reflejando una hermosa cara,
tan llena de vida,
y mi vida tan llena de muerte.
Una tez rebosante de sensibilidad,
pero la mía llora la tristeza de un hombre consumido.
Adivino en mi naufragio
las fuerzas necesarias para un rescate,
que mantenga en las aguas de la omisión
el reniego de los momentos pasados,
de las tempestuosas temporadas
y de la agitada sobriedad.
Conduzco un ejército de flores y de colores,
haciendo camino
en las profundidades de la melancolía,
sin lograr tu redención,
y mi vida hinchada de muerte.

Pétalos alojados

Levanta los pétalos alojados
en las esquinas luminosas de tus ojos.
Flores enterradas en tus poros,
que palpitan ante la locura impulsiva de tus ilusiones,
acomodadas alrededor de tu cabello,
enredado en los esponjosos árboles de la cama.
Sopla las blancas hojas
instaladas en tus ardientes pechos,
liberadas
con cada flujo de tu ingenioso cuerpo
con cada febril calambre
con cada tierna contracción,
viajando por tu inmenso ser.

Dos artes

Candelábricos hipopótamos,
rubricados en las cuadráticas imágenes
de la metafísica de una luz.
Desmantelada y sacudida como un polvo,
dialéctico y ondulatorio,
encendedor del mito somático,
y enredado en las esquinas verdosas
de un laberinto engendrado en el movimiento.

Continuidad y falla,
la opulenta carencia de una necesidad notoria.
De un Uno y de varios Todos,
largo suspiro migratorio,
que adormece el insomnio oportuno
de las rigurosas preguntas del aire,
entroncadas en el viento oscilante de la Nada.

Una carta

Aquella carta,
en su dialéctica particular,
de vacíos y de locuciones,
golpeó el gozo musical
de un tiempo, que en pasado,
liberó las pretensiones terminadas de la ternura.

Yo te pienso,
porque necesito hacerte presente,
destruyendo el innoble papel
que recoge tu escritura.
No hay respuesta.
Necesito olvidarte para hacerte presente,
sin olvido,
no hay amor posible.

Esquina visible

Levanta los nudos
enhebrados por tu amorosa mano,
la que bordó las sábanas de otras esperanzas
la que frunció las camisas de otros sueños,
ahora perdidos en la oceánica partida
de la gimiente pasión.
Implacable es el dolor,
y esos mortales labios rojos
que anunciaron todos mis días
que llamaron todas mis noches
que besaron todos mis silencios.
El último sollozo de tu piel
lo percibí en la esquina visible de la separación,
remota es la sonrisa
que se dibuja solamente en tus labios.

Del caos y otros reinos

Del caos y otros reinos,
amenazantes,
vigilantes de tesoros desolados
empobrecidos por los tiempos,
y de emociones endurecidas,
circulares, migratorias,
que viajan hacia un afuera
hacia una insondable distancia
hacia el horizonte que habita en mí.

Siempre miran,
con ojos que nunca saben,
los observadores de la entelequia perenne.
Ojos sigilosos,
ignorantes de singularidades,
de las existencias del otro.

Ojos atentos, asustadizos,
insistentes en la razón portátil
y en la conflictiva verdad.

Sentémonos y hablemos

Nos debemos sentar a la mesa
y mover las sillas un poco atrás,
luego, proseguir.
Antes de todo esto,
haber lavado los platos y los cubiertos,
haberlos secado
y colocado en su lugar,
en la posición prevista
y dejarlos descansar.
La vajilla nítida,
sin manchas,
sin repudios ni conflictos.
Pero antes de todo esto,
dejarme servirte del manjar,
escoger las mejores piezas,
ingerir las aplazadas agonías,
engullir las dificultades,
las mentiras y las humillaciones,
y alimentarnos de las amarguras y de las desconfianzas,
del dolor y el sufrimiento.
Sentémonos a la mesa,
sin un alarde de más,
con la humildad que nos invita.

Sentémonos y hablemos.

Púrpura

Púrpura,
el contorno de los besos derramados,
en las estatuas dispersas,
en la planicie porosa de una piel extraña.
Atraída en la forma espiral de un deseo
consumido en el voraz día de los sentidos.
Hondo alivio en la noche que me procura,
dilata las ansias que trazan
sus líneas oblicuas,
que sobresaltan los bordes agrios
de una conciencia que se calla,
y que deja hablar al abismo perseguidor,
excéntrico,
desdoblado en una sed crepuscular,
asimétrica y distante.

En tu inexorable despertar

En tu inexorable despertar
morí en tu contemplación,
el eco que irrumpe en el presente
y se instala en mi soñar.

Se derrumbó,
lo que en noches y días,
nos costó construir.
En tu inexorable despertar
todo desapareció
y en rutas de espinas
me ha tocado vagar,
lo que no pudo ser
ahora vuelve a exigir
las largas horas que no volverán,
y se fue tu último aliento.

Tu piel es mi camino

Respiro el aire que mana de tu piel
desperdigada alrededor de mi memoria,
y el terco apetito
reniega ante la sorpresa
de estos pulmones
hinchados de ti,
inhalándote en los soberbios segundos
exhalándote en los insomnes momentos
que aflojan las dolorosas horas,
mientras mis pies,
en algún camino,
buscan tu morada.

Resaca gris

Vibran las gotas de un aguacero
que llega a tu lejano techo,
amarilla cárcel de una franja tempestuosa.
Allí,
la resaca gris que dejó tu afecto,
violenta la métrica ilusoria de la aurora,
asfixiando la nómada máscara
de este corazón roído por la ruptura del amanecer
que presenta tu cuerpo,
y que,
bajo la innoble lluvia,
te espero.

Escape

Ridículas voces
te nombran en un incógnito suspiro
que va vistiendo
tu organismo sonoro.
En armoniosos movimientos,
brindas el aviso
de los pormenores del escape.
Sonoro organismo dual,
vislumbras mi inquieto oído
necesitado de tu adentro…

El espacio laberíntico

En el espacio laberíntico de tu sustancia
devoro el éter subterráneo
que emerge de la laboriosa sangre
de un cielo quebrantado,
perdido en la inmensidad de una noche sepia,
cargada de quimeras y de huéspedes,
moviéndose entre mis manos.

El otro lado de la soledad

Encerrado en las murallas de la soledad,
raspo cada uno de los ladrillos
engrudados con cuitas,
con quebrantos y cansancios
con temores y engaños.
Escalo los fríos muros
que rodean la obstinación de mi presencia.
Fracturo cada bloque de fracasos,
en la consecución de la victoria
que me lleve al tope
de esta sórdida circunstancia,
y poder observar,
acariciar, arrullar,
el otro lado de la soledad.

Silueta

Leo tu silueta
dibujada armoniosamente en una pared.
Sombra vital de tu corpóreo
entusiasmo y dinamismo,
generadora de un impulso de álamos,
desparramados por las antiguas veredas
del amor confundido entre las tinieblas de una otoñal verdad.

Silueta de rosas y de hojas
tormenta primaveral,
que sacude mis débiles raíces
que se mezclan con las tuyas
en un follaje nuestro.

Inmóvil ante el umbral de tu piel

Inmóvil ante el umbral de tu piel,
absorto en la locura de la espera
maniato las noches
cargadas desde el principio de mi jornada.

Inmóvil ante el umbral de tu piel,
procuras mi llegada,
el arribo de la arbitraria complicidad
del entendimiento sin mediar palabras.

Sacudes con tus manos
la arena de aquellas tempestuosas playas
que te llevaban con sus olas
hacia el ensombrecido horizonte
de unos amores nunca compartidos.

Inmóvil ante el umbral de tu piel,
vigilo los pasos de tu ilusión
orquestada por la confusión de enigmáticas iconografías,
y con mi desasosiego sempiterno,
espero,
inmóvil ante el umbral de tu piel.

El insomnio se come la noche

Devela tu cansado llanto
ante la voraz madrugada,
esa que se come a una noche
de abundantes insomnios
y de viles cadáveres,
incendiados por el dramático fuego del sueño.
Recupera el líquido
germinado en tus ojos de coraje,
y entra en el aire
de una mañana de urgencias y de resonancias.

Entre bosques desérticos

Entre bosques desérticos
corro aturdido
en la búsqueda del esplendor de tu cuerpo.
Entre las hojas
de un impetuoso otoño
usurpo mi devoción
a tu crepuscular cercanía.

Elaboro mi acecho,
como centinela en su noche,
examino cada fracción
de tu ardiente vientre,
plagado de laberintos,
y me diluyo
en tu hoguera infinita.

Despierta

Alerta,
a tu infatigable forma,
a la estructural repercusión
de tus sentidos,
amargados en la junta de un vacío
que vive en tu hastío.
Despierta,
a tu larga trayectoria de lucha,
hierve el rocío
de tus polémicas mañanas
enlistadas en una acariciante nómina,
mientras te contemplas
en el espejo del crepúsculo.

Opúsculo secreto

Opúsculo de información secreta,
el teatral delirio
de una escalofriante sonrisa
de gritos incesantes,
extraviada trayectoria,
negación de la gracia despótica
fugaz visión
de la exaltación profunda.

Discurso y dispersión

En el viaje del discurso,
plena invitación al abismo,
de lagos de una delicadeza
llena de contingencias y temores,
arrastro los pies,
mortificado por un exilio interno,
simulación oblicua de figuras carnosas,
cebadas por las intrigas,
aleatorias y dispersas,
de ese otro discurso.

Declaro mi ambición

Hoy,
declaro mi ambición
por (re)conquistar el vacío
que nos separa,
por arrimarme al aire
que respiras,
por fundirme en los soles
que queman tus horizontes,
y constituirme en las partes
que forman tu osadía.

La perpetua amenaza de la lluvia

Armar las gotas del recuerdo,
aquel sucesor de la íntima memoria,
impregnado de letras
de imaginación imprevista y alucinante,
cargado de diáfanos bríos
y de todos los malogrados intentos.

Reiniciar en las alternas lagunas
de una reminiscencia ocular,
renegadora de un azul abismo
perfilado por los fulgurantes ataques
del circular exceso de lo absoluto.

Invadir la desmemoria
con un torrencial escape de lágrimas,
que ciernan el suculento cosmos de tu cuerpo.
Llevar los tumultuosos gestos
a la frontera de tu diagrama,
instalado en el intersticio de mis quimeras.

Escudriñar los instantáneos pozos
llenos de circunstancias y de propósitos.

Buscar en el agua,
acumulada en los huecos de la nostalgia,
los trozos de un temor,
y ceñirse a la perpetua amenaza de la lluvia.

Todas mis soledades

Acoto las palabras
que hablan de ti,
considerando intratables las letras
circunscritas a toda tu corporeidad,
a toda tu figura,
forma adorable de lucidez,
y de la sensual mortificación de una pasividad
que se nutre de todas mis soledades…

Acuoso crisol

En tus rubicundos labios
ambiciono bailotear
hasta el final de mi energía
hasta el último hálito de mi sustancia.
En baile laborioso y ágil,
trasnocho mi nómada ocurrencia,
como ebrio equilibrista,
que en sus múltiples acrobacias,
elude la acritud de la Muerte.

En la palidez de un vértigo incesante,
mi volátil actitud persiste en el acromatismo de las hazañas.
Me balanceo
en tu respiración profunda
en la prolongada exhalación
de una cruenta contienda,
y que solo la agudeza
de mis movimientos selectos,
apacigua el vigorizante ardor
que abruma mi andar hacia el acuoso crisol.

Del recuerdo de tu risa

En el onírico recuerdo de tu risa,
instalo la desinflada esperanza
de un ayer que no se acomoda
a la aguda distancia,
que se espuma deprisa.
Apuesto a la memoria,
apuesto a los momentos,
aquellos que vienen y van,
dejando a su paso
el sabor a hiel
en los temblorosos labios.
Guardo en los bolsillos
las ilusas alegrías
nacidas en el agobiante acto del sueño.
Sobre las húmedas dudas
escarbo todas las ansiedades,
siempre ausentes,
en busca del recuerdo de tu risa.

Trashumante

Andas,
trashumante en el colosal firmamento de la noche,
buscando la compañía de nuevas ansias
de nuevas intenciones,
dejando en tus huesos mi ausencia.

Sola,
emigras hacia la oscuridad del sentimiento,
escudriñando cada ínfima felicidad
que en el pasado
provocó en ti asombro.
Tiritas en el infernal frío
que el ostracismo te brinda,
indagas fanáticamente
cada beso,
cada sonrisa,
cada mirada,
para desterrarlos al fin,
de tu piel.

Quedan tristes

Solas quedan tristes
las reminiscencias de la inmolación de un ayer consumido,
de un pasado enviado a la barca del olvido.
Contradictorio final
de la acción ilusoria del afecto,
esa fatídica historia de la emoción
instaurada entre dos,
y la elocuente ira
que de mis venas te apartó.
Solo quedan tristes
las reminiscencias de un ayer.

Amor

Amor de noche
amor de día,
de los tiempos en ilógica armonía
de rosas y de orquídeas
de perdón y de disculpa,
del cobarde y el valiente,
pálpitos de humo
en la pasión combatiente.

Amor furtivo
inflamable afán de llama oculta.
Las miradas que se cruzan,
sentimiento flotante en contemplador furor,
la entrega beligerante,
amantes escondidos
los besos fingidos,
voces y gritos
balanceándose en el infinito.

Amor de promesas,
mentiras bien vestidas,
de insania y de frenesí
del erotismo compungido
y pérdida de sentido.

Amor del fiel y conocido cuerpo,
deslizándome hacia la aventura
cubriéndote completa
rindiéndome en tu cintura.

Una voz

La remembranza de una voz
retumba en el pensamiento adormecido.
Resisto,
pero la retentiva de esa voz
derroca la furia
y endroga el ánimo.
Asimismo,
asisten los otros recuerdos
participan los abrazos
y se encarnan los besos
mientras hierven los te quieros.

Los recuerdos se van formando

En la sumisión del deseo
los recuerdos se van formando,
de aquel que fui
de mi perfil al amanecer.
Aire
fuerza
intensidad
movilidad
dislocación
mentira
energía
tranquilidad.

Los recuerdos se van formando.

El camino enumerado

Aglutinando las últimas gotas
del amor lejano,
entreabro las grises oportunidades
de alguna desolada vida,
de alguna caricia
desprovista de luz y de energía.
Me muevo en la zona descubierta
de un baúl oscuro,
ese, que tiene mi nombre en uno de sus lados.
Sobrevivo en la insoluble soledad,
de un sinfónico silencio,
que desnuda mi oído
acostumbrado a los sonidos líquidos
del amor lejano,
que se acerca
a la penumbra cismática
al camino enumerado
a paso lento y retador
que pisa acostumbrado
las hojas esparcidas por un otoño deslumbrado.

Piélago

Un desliz
en la red de la conspiración amorosa
te condujo sollozando
hacia los ajenos brazos del ocio.
En el ocaso de una notoria virtud,
descansas al pie
de la pelágica ensoñación,
en su célebre vagar
por los confines de tu porvenir.
Fútil y trivial
es el consuelo brindado
a tu afán gastado,
raído por las zarpas de la exasperación.
La inconclusa furia
navega por el numen del pensamiento abatido,
por la búsqueda
de la magnificencia de tu supremacía.

Tus huellas

En esa inquietante sobriedad,
por la razón oblicua
de los años que han hablado.
Tus huellas
han desaparecido de mi sangre,
y ya tus dedos no moldean mis ideas
y ya no puedo embriagarme en tu vehemencia.

Pliegues

Como una llovizna que acaricia la membrana,
transitan mis caricias por su cuerpo,
quemando cada minuto
mitigando cada una de sus figuras.
En ella,
cada roce es un viaje sin regreso,
extraviado en el infinito de sus pliegues.

Eras mi exilio

Traduzco las cuitas de nuestra fuga,
efímera y eficaz,
sin preguntas
sin dudas,
que solo se comprometía
a los desaciertos del presente.
Traduzco el movimiento único y espléndido de tu piel,
que anida el calor selvático
de tu cuerpo errante.
Traducíamos los celos
bebíamos del cáliz de la cortesía
y nos sumergíamos en el nosotros
eternamente apercibidos por la fascinación.
La expectativa se convirtió en rival,
mientras luchábamos
con los indiscretos signos de lo ulterior.

Artrópodos

Los minúsculos artrópodos
de mi egregio amor,
andan delebles
por tu oceánica espesura.
Rastrean,
con inquisidora elasticidad,
el terreno de tu contorno.
De recodo a recodo
exploran con ánimo batallador
las delicias extraviadas
en la demarcación de tu soma.

Gritar

Cuántas veces me habría gustado gritar,
gritar hasta el estruendo,
escucharme en tus sueños
y lastimar tu soberbia.
Gritarle al amor
en el amor,
gritarle a tu boca
en mi boca.
Que ese grito
sobrepasara las épocas.
Un grito feroz,
que viajara a través de las horas,
y te susurre al oído
cuánto te quiero.

Las manos de la ingenuidad

En las manos de la ingenuidad
habitan los múltiples sueños de tu vagar.
En silencio,
sus dedos afirman tu constitución,
tu manera elegante de transcurrir
por los senderos de la fortuna.
Los torpes mimos
recibidos de la ingenuidad,
amasan en formas distintas
y en ángulos diferentes
las utopías de tu proceder.
En el análisis de tus indecisos pasos
condenas a una imperecedera futilidad
a la armonía astuta de la ingenuidad,
y la dejas caer
en la analogía imbécil de la razón.

Orquídeas blancas

Orquídeas blancas
caen sobre tu vientre,
moldeando las caderas,
descubriendo tu cintura.
Orquídeas blancas
rozan tu tez,
que sucumbe en escalofríos
por la proximidad de sus tactos.
Orquídeas blancas,
solo orquídeas,
van dibujando tus sombras,
escudriñando tu etérea corporeidad.
Solo en ti,
orquídeas blancas.

Marejadas

Marejadas urgidas,
olas de locura,
del tiempo en el destiempo,
de la densa espuma.
Arena mojada
por el sabroso néctar
nacido de ti.
Regresa la marejada,
tu agua me perfuma
ahogándome en la agitación
resuelta en las olas,
las que abaten mi puerto,
y la marejada
que perturba el mañana incierto.

Otro puerto

La sensación exuberante
de una vida en constante,
del frío incómodo
y el místico arrojo.
Mi mano nada por tu mar,
que va de puerto en puerto,
y en cada uno
un delirar.
La sensación aumenta
cada vez que a un puerto voy a llegar.
El tacto alerta
y la fiebre se agudiza.

A otro puerto voy a zarpar.

El desierto de tu misterio

Surco a través de las sombras
explorando lo no perdido
inquiriendo en lo aún desconocido.
La penumbra,
esa densa noción de humedad,
me va matando en la tierra
me va desgarrando en el abandono
me va apoyando en tu evocación,
recorriendo el desierto de tu misterio.

Corriendo por tus piernas

Corriendo por tus piernas
alucinando en su inmensidad,
aturdido en las esquinas del abismo,
extraviado en tu laberinto.
De tu posición diversa,
de tu humedad eterna,
volviendo a mí
en una demencia inversa.
Volando en tu remoto interior
aterrizo en lugares incógnitos,
alterando el afán cautivo
de este necio perdido.

Un adiós

Un adiós con violencia de piedra,
generador de sólidas lágrimas
afectadas por la vibración aguda
del alejamiento travieso
de los que se han ido.
Un aparte para la alegría,
que se dispersa
entre las nubes de palabras
y la lluvia de los abrazos
consagrados a la espuma de los mares venideros,
de aquellos que faltan por explorar,
por conquistar,
y las tierras vacías
repletas de evocaciones y fantasmas.
Un adiós violento, severo,
con un golpe de suerte
abre las puertas del pretérito,
nutrido con las lúdicas noches rendidas al olvido.
Un omnipresente adiós,
que ondula en los ojos sangrientos del valiente,
con sagacidad rectificadora
perfumando la fetidez del cobarde.
Un adiós del cadáver,
del difunto que descansa en la espalda del caprichoso,
incondicional aprendiz del disfraz, del simulacro.
Un adiós desgarrado
nacido en el final de la garganta,
del grito marchito
y la esperanza en pedazos.
Un adiós con violencia de piedra.

Esta primera edición de

La perpetua amenaza de la lluvia

se imprimió en noviembre de 2016